En espera de un nuevo inicio

Angelo Scola

En espera de
un nuevo inicio

Reflexiones sobre la vejez

Prefacio del papa Francisco

Paulinas

Las citas bíblicas están tomadas de *La Santa Biblia* de la editorial San Pablo, 2025, excepto donde se indique lo contrario.

Título original: *Nell'attesa di un nuovo inizio.*
Traducido por: María Jesús García González.

Imagen de cubierta: Tilixia Summer.
Diseño de cubierta y maquetación: Alba Cosío Velasco.

© PAULINAS 2025
Carril del Conde, 62 - 28043 Madrid
Tel.: 91 721 89 84 - Fax: 91 759 02 04
E-mail: editorial@paulinas.es
www.paulinas.es

© 2025 Dicasterio para la Comunicación – Libreria Editrice Vaticana

© Angelo Scola

ISBN: 978-84-19408-66-2
Depósito Legal: M-25866-2025

Impreso por Gar.Vi. 28970 Humanes (Madrid)
Printed in Spain. Impreso en España

Prefacio del papa Francisco

He leído con emoción estas páginas que han brotado del pensamiento y de la ternura de Angelo Scola, querido hermano en el episcopado y persona que ha desempeñado delicados servicios en la Iglesia, como, por ejemplo, el de rector de la Pontificia Universidad Lateranense, y más tarde patriarca de Venecia y arzobispo de Milán. Ante todo, me gustaría expresarle todo mi agradecimiento por esta reflexión que aúna experiencia personal y sensibilidad cultural como pocas veces he podido leer. La una, la experiencia, ilumina la otra, la cultura; la segunda sostiene la primera. En este feliz entramado, la vida y la cultura florecen de belleza.

Que no nos engañe la brevedad de este libro: son páginas muy densas, que hay que leer y volver a leer. Tomo algunas notas de las reflexiones de Angelo Scola que están en particular consonancia con lo que mi experiencia me ha hecho comprender.

Angelo Scola nos habla de la vejez, de *su* vejez, que –escribe con un toque de abrumadora confianza– «se me ha echado encima con una velocidad imprevista y, en muchos aspectos, inesperada».

Ya al elegir la palabra con la que se define a sí mismo, «viejo», encuentro una consonancia con el autor. Sí, no debemos tener miedo de la vejez, no debemos temer aceptar el convertirnos en viejos, porque la vida es la vida, y edulcorar la realidad significa traicionar la verdad de las cosas. Devolver el orgullo a un término que con demasiada frecuencia se considera malsano es un gesto por el que estar agradecidos al cardenal Scola. Porque decir «viejo» no quiere decir «para tirar», como, a veces, una degradada cultura del descarte podría llevarnos a pensar. Al contrario, decir viejo significa decir experiencia, perspicacia, sabiduría, discernimiento, ponderación, escucha, lentitud... ¡Valores que necesitamos enormemente!

Es cierto, nos hacemos viejos, pero el problema no es este: el problema es *cómo* nos hacemos viejos. Si se vive este tiempo de la vida como una gracia, y no con resentimiento; si se acepta el tiempo (también largo) en el que sentimos nuestras fuerzas mermadas, el cansancio del cuerpo, que va en aumento, los reflejos, que ya no son como los de nuestra juventud, con un sentimiento de gratitud y de reconocimiento, pues bien, entonces también la vejez se convierte en una edad de la vida, como nos ha enseñado Romano Guardini, verdaderamente fecunda y capaz de irradiar bondad.

Angelo Scola pone de relieve el valor, humano y social, de los abuelos. Yo también he subrayado en muchas ocasiones que el papel que desempeñan los abuelos es de fundamental importancia para el desarrollo equilibrado de los jóvenes y, en definitiva, para una sociedad más pacífica. Porque su ejemplo, su palabra, su sabiduría, pueden inspirar en los jóvenes una mirada de largo alcance, el recuerdo del pasado y el anclaje en valores que perduran. En el frenesí de nuestras sociedades, a menudo dedicadas a lo efímero y al gusto enfermizo por aparentar, la sabiduría de los abuelos se convierte en un faro que brilla, ilumina la incertidumbre y orienta a los nietos, que pueden sacar de su experiencia un mayor respeto a su propia vida cotidiana.

Las palabras que Angelo Scola dedica al tema del sufrimiento, que suele manifestarse en el envejecimiento y como consecuencia a la muerte, son piedras preciosas de fe y de esperanza. En la argumentación de este hermano obispo percibo que resuena la teología de Hans Urs von Balthasar y de Joseph Ratzinger, una teología «hecha de rodillas», impregnada de oración y de diálogo con el Señor. Por este motivo he dicho un poco más arriba que estas páginas han brotado «del pensamiento y de la ternura» del cardenal Scola: no solo de su pensamiento, sino también de su dimensión afectiva, que es a lo que remite la fe cristiana, porque el cristianismo no es una acción intelectiva o una decisión moral, sino más bien el afecto hacia una persona, hacia ese Cristo que ha venido a nuestro encuentro y ha decidido llamarnos amigos.

Precisamente la conclusión de estas páginas de Angelo Scola, que son una confesión a corazón abierto de cómo se está preparando él para el encuentro definitivo con Jesús, nos devuelven una consoladora certeza: la muerte no es el fin de todo, sino el inicio de algo. Es un nuevo inicio, como afirma sabiamente el título, porque la vida eterna, que quien ama ya la vive en la tierra en sus ocupaciones diarias, es dar comienzo a algo que nunca acabará. Y precisamente por ese motivo es un «nuevo» inicio, porque viviremos algo que nunca hemos vivido plenamente: la eternidad.

Con estas páginas entre las manos me gustaría hacer de nuevo, simbólicamente, el mismo gesto que hice en cuanto me vestí con el hábito blanco de papa en la Capilla Sixtina: abrazar con gran estima y afecto al hermano Angelo, ahora que somos más viejos que aquel día de marzo de 2013. Pero siempre unidos por la gratitud hacia este Dios amoroso que nos ofrece vida y esperanza en todas las etapas de nuestra vida.

Francisco
Ciudad del Vaticano, 7 de febrero de 2025

Introducción

La idea fundamental que da origen a este texto no es la idea –por otra parte, más que legítima– de hacer un balance de una vida ya larga y decididamente rica, con giros completamente imprevisibles. En resumen, no nace de la decisión de escribir una especie de testamento espiritual, sino, simplemente, de la decisión de poner por escrito algunas reflexiones cargadas de la experiencia de estos últimos meses en los que la vejez se me ha echado encima con una velocidad imprevista y, en muchos aspectos, inesperada. «Para que ese día os sorprenda, como el ladrón» (cf 1Tes 5,4). Y siento la necesidad de descubrir el alcance de esta «conveniencia humana», pero quizá la palabra más adecuada para mí sea «gracia».

I
El viejo es mejor

«Nadie, después de haber bebido vino viejo, quiere luego el nuevo, pues dice: "El vino viejo es mejor"» (Lc 5,39)[1].

Este versículo del Evangelio de Lucas puede sintetizar eficazmente el juicio de san Benito sobre los *seniors,* los monjes más maduros y con mayor autoridad. Porque para él, el monje ideal, la forma realizada, no es el joven, sino el anciano. El término latino *senior* de la Regla benedictina no se corresponde con el español actual *viejo* y

---

1. Por razones de estilo hemos recurrido aquí a la Biblia Diodati. [En la traducción hemos recurrido a la versión de la Biblia Reina Valera de 1960].

no posee su connotación negativa. Tampoco tiene una connotación cronológica. San Gregorio Magno, en el Libro II de sus *Diálogos,* habla de san Benito como de «un hombre que ya desde la época misma de su niñez tuvo la sensatez propia de un viejo»[2]. Al *senior*/anciano se le reconoce el valor añadido de haber alcanzado la madurez humana. En el monasterio –auténtico paradigma de la vida de todos– los ancianos son personas capaces de acompañar a las nuevas generaciones en su camino de maduración. Como dice la Biblia, «En la vejez aún darán fruto, se mantendrán lozanos y floridos» (Sal 92,15). Y también: el justo, como Abrahán y los demás patriarcas amigos de Dios, muere «lleno de días» (Gen 25,8), «en una feliz ancianidad» (Gen 15,15), consciente de que «su nombre vivirá por generaciones» (Si 44,14).

2. SAN GREGORIO MAGNO, *Vida de san Benito y otras historias de santos y de demonios. Diálogos,* Trotta, Madrid 2010, p. 95.

Desde esta perspectiva es desde donde suelo recordar el puesto central de los abuelos en la educación de los niños, sobre todo cuando se trata de introducirlos en el sentido de la vida en sus aspectos más positivos (madurez del amor, sentido de la tradición y de la historia) y en sus aspectos más dolorosos, como el cansancio, la enfermedad, la muerte. Nuestra fe, en sus dos Misterios fundamentales –unidad y trinidad de Dios, y encarnación, pasión, muerte y resurrección de Jesús–, se muestra capaz de acoger la realidad en toda su amplitud y complejidad. Y tal como la vida nos muestra un día tras otro, los que tienen más años a sus espaldas son más capaces de explicarla y de mostrar mejor su conveniencia. De ahí mi insistencia en la «competencia» educativa de los abuelos.

También el papa Francisco ha subrayado en varias ocasiones este precioso valor: «Los abuelos son la sabiduría, son la memoria de un pueblo, la memoria de las familias. Y los abuelos deben transmitir esta memoria a los nietos. Los jóvenes y los niños deben hablar con los abuelos para llevar adelante la historia»[3].

Hemos de reconocer que el binomio vejez-sabiduría, con el consiguiente beneficio educativo que supone para las nuevas generaciones, se ha revelado, al menos hasta hace unas décadas, como una constante que podía encontrarse en todas las culturas. Basta con recordar el *Cato Maior de senectute,* del 44 a.C., de Marco Tulio Cicerón, donde se elogia «la vejez firme en los cimientos colocados en la juventud» y se exaltan las ventajas que puede ofrecer la tercera edad: «Las armas absolutamente más aptas de la vejez son [...] las artes y la práctica de las virtudes que, cultivadas en toda edad, cuando se ha vivido larga e intensamente, dan maravillosos frutos, no solo porque nunca nos abandonan,

3. FRANCISCO, Audiencia general, Aula Pablo VI, Vaticano, 29 de agosto de 2018.

16

ni siquiera en el último momento de la vida –aunque esto es muy importante–, sino también porque la conciencia de la vida bien llevada y el recuerdo de muchas buenas obras son muy agradables»[4].

Estas palabras me vinieron a la mente durante un viaje que hice en mayo de 2016 a Maramureş, una región del norte de Rumania, donde conocí a los ancianos de aldeas rurales en las que aún se conservan no solo las tradiciones, sino también las formas de trabajar de una época. Me impresionaron los rostros serios y surcados de arrugas de aquellos ancianos campesinos, que no manifestaban una decadencia decrépita, sino una gran dignidad, un sentido de sacralidad –me atrevería a decir– que emanaba una natural autoridad.

Algo parecido veían los de mi generación en sus abuelos, en su mayoría analfabetos,

4. M. T. Cicerón, *Catón el Viejo, De senectute* III, 9, Universidad Autónoma de México, México 2017, pp. 4-5.

que solían vivir en los hogares de nuestra infancia y a quienes nosotros, los niños, mirábamos con respeto, casi con temor. Porque percibíamos que la vejez era como un traje que se llevaba puesto con orgullo, no algo de lo que hubiera que avergonzarse.

Este concepto del anciano que da testimonio de una virtud todavía activa lo encontré en una foto preciosa de Dario Ballabio (un pintor-artesano según el cual «la imagen no es el objetivo final, lo es la experiencia») que retrata a un viejo pescador reparando una red de pesca. El lector tendrá muy presente esta imagen, pues ha sido escogida como cubierta de este libro. Y es así: el anciano es el que sabe reparar, volver a unir, devolver la utilidad, en un mundo que quiere frenéticamente innovar y, por tanto, desechar sin conservar nada. Y esto nos coloca en una perspectiva de serena plenitud que para el cristiano coincide con el presentarse «ante Dios» y que ningún hombre puede evitar buscar, más allá de si es capaz o no de alcanzarla.

Desde este punto de vista, la vejez es un privilegio, como dijo en cierta ocasión san Juan Pablo II: «La entrada en la tercera edad ha de considerarse como un privilegio; y no solo porque no todos tienen la fortuna de alcanzar esta meta, sino también y, sobre todo, porque es el periodo de las posibilidades concretas de replantearse mejor el pasado, de conocer y de vivir más profundamente el misterio pascual, de ser ejemplo en la Iglesia para todo el pueblo de Dios»[5]. Porque en la vejez, el sentido de la vida se despliega en todos sus aspectos, la pluralidad de significados que hemos experimentado en las diferentes edades encuentra su síntesis y nos permite comprender plenamente qué es la vida.

La vejez es un auténtico privilegio porque nos ofrece la posibilidad de ver en su

---

5. JUAN PABLO II, Discurso a los grupos de tercera edad de la «Federación interdiocesana de Movimientos de ancianos y jubilados de Italia», Aula Pablo VI, Vaticano, 23 de marzo de 1984.

verdadero significado y, por tanto, de emprender (aunque este término pueda sonar un tanto extraño referido a esta edad) todo lo que la vida sigue ofreciéndonos en los diferentes ámbitos, en los sentimientos, en las amistades, en los juicios sobre la realidad, en la mirada sobre el mundo. Me atrevo a decirlo, siendo muy consciente, que hoy día afirmar que la vejez es algo positivo corre el riesgo de suscitar no un escándalo, sino el ridículo, precisamente como les ocurre a menudo a los ancianos.

2
¿Qué se puede esperar de un viejo?

Si hay un aspecto, entre muchos, que indica el «marcado cambio de época» que estamos viviendo, es precisamente la irrelevancia, o, mejor dicho, la desaparición del binomio vejez-sabiduría que nos ha acompañado durante varios siglos. En la cultura en la que estamos inmersos, y que está contagiando cada vez más rápidamente a todo el planeta, la perspectiva es la opuesta. Los viejos son molestos, feos, inútiles.

Desagradables verdades que uno de los más importantes escritores y periodistas italianos, Dino Buzzati, describió con un realismo crudo y despiadado hace ya muchos años:

Sí, los viejos son molestos, tienen la deprimente costumbre de repetir lo mismo que han dicho hace una hora, de repetir siempre las mismas cosas. La espalda curvada, los labios arrugados que se hunden por la falta de dientes. ¿Y eso de quedarse dormidos en el sofá, esas respiraciones sibilantes, esas toses cavernosas? Con todos los problemas que tenemos, por ser tantos como somos, para convivir en este mundo tan pequeño, ¡solo nos faltaban ellos! Y luego está, además, lo más importante: ¿para qué sirven, con lo inadaptados que están para la exigencia de la vida moderna? El que araba ya no tiene fuerzas para arar, el que montaba en bici está sentado a la puerta, sin moverse, al que escribía poemas se le ha oxidado la pluma, al que cantaba se le ha apagado la voz. Ya solo sirven para comer, dormir, ocupar el puesto de otros que vienen por detrás y que realmente lo necesitan. ¿No es verdad que los viejos son todos más o menos así? Hay un hombre que vive con su familia, él, su mujer y dos hijos, en una casa de tres habitaciones y un baño. Apenas caben los cuatro, pero además vive con ellos su viejo padre, pensionista, con reúma, que no sirve absolutamente para nada. Así que el hombre le coloca una cama plegable en el pasillo, y entre tanto a veces piensa: si encontrase un hogar en otro sitio, un lugar tranquilo (en otro lugar, eh; sí, lo habéis pillado al vuelo)…; así por la noche no correríamos el peligro de golpearnos las espinillas con las esquinas de la cama. Podríamos encender la luz, hablar, caminar, respirar por fin. Pero no, los viejos se empecinan, no quieren irse del lado de sus hijos, están siempre ahí, en el mismo rincón, leyendo, dormitando; solo verlos es ya un fastidio. En cambio, a los niños da gusto verlos; no hay que preocuparse por lo que piensan, su piel es suave y tersa. Los niños sirven, y los viejos no; un niño podrá convertirse en un comerciante, un empleado buenísimo, un médico, un ingeniero capaz de ganar millones y millones. Pero de un viejo, ¿qué se puede esperar de un viejo? Los niños tienen la gran ventaja de que vosotros los habéis traído al mundo, vosotros los habéis alimentado y vestido, habéis jugado con ellos, mientras que los viejos han cometido el imperdonable error de haberos dedicado toda la vida, de haberlo hecho todo por vosotros, trabajo, sacrificio, amor, con la melancólica ilusión de que un día les devolveríais todo ese bien que os hicieron. Y sin embargo, cuentan que en la antigua China la vejez era el paraíso de la vida; tanta era la veneración que se les tenía a los viejos que, habiendo completado todas las etapas, se acercaban al gran examen final. Ay, si los hombres fueran más astutos, si pensaran de verdad en su provecho más que en las cosas más estúpidas, ofrecerían a los viejos los bienes más preciados de la tierra. Os lo digo a vosotros, jóvenes presuntuosos que os creéis que sois los únicos capaces de comprender los problemas del mundo y que vuestros padres son una panda de cretinos. Un día, pensadlo, ellos fueron exactamente igual que sois ahora vosotros, tenían vuestros mismos músculos (incluso más), vuestro paso atlético, vuestras esperanzas, tenían también rizos rubios. Ahora se han vuelto encorvados, frágiles, calvos, pero la diferencia es bien poca, queridos míos, tan solo treinta o cincuenta años, un suspiro, ¡un nada! No lo olvidéis cuando pase junto a vosotros el abuelo con su bastón. Miradlo con atención, porque él es vuestro retrato. Mañana, pasado mañana, antes de que os haya dado tiempo a adoptar medidas, también vosotros saldréis dando pasitos cortos como él[6].

Tal como se desprende de este fragmento, el centro de la escena está ocupado por la indiscutible protagonista, la juventud, la edad o, al menos, la condición que tiene valor, mientras que el envejecimiento se considera un déficit progresivo, una caída constante e imposible de detener. Pero, como observa Buzzati, se trata de una lectura presuntuosa y falsa. Porque, me gustaría añadir, esta lectura no tiene para nada en cuenta la experiencia de quienes son de verdad jóvenes o muy jóvenes.

---

6. D. Buzzati, «Orchidee ai vecchi!», en *In quel preciso momento,* Neri Pozza, Venecia 1955, pp. 242-243.

Vista con sus ojos, la juventud es una condición nada envidiable, caracterizada como está por la incertidumbre, las contradicciones y la necesidad, muy a menudo frustrada, de sólidos puntos de referencia.

Para los jóvenes de mi generación, esos puntos de referencia se encontraban en diferentes ámbitos de su vida (la familia, el colegio, la Iglesia...) y quizá los cuestionaban con dureza hasta llegar incluso a rechazarlos. Pero –y esto es un dato innegable de la experiencia humana elemental– solo se puede crecer gracias a una presencia, no a una ausencia. En una sociedad «sin padres» como la nuestra, resulta dolorosamente difícil.

3
Senectus ipsa est morbus[7]

Esta frase del escritor latino Terencio, que nos ha acompañado durante casi 22 siglos, transmite y extiende una visión negativa de la vejez que ha constituido siempre un polémico contrapunto del binomio vejez-sabiduría que hemos descrito al principio. Lo cierto es que hoy se habla en términos casi exclusivamente problemáticos y negativos de la tercera edad, considerada como un factor improductivo y una carga económica y asistencial que grava cada vez más a la sociedad.

«Y aquí estoy, anciano en un mes árido, / mientras un niño me lee, esperando la

---

7. *La vejez es ya en sí una enfermedad.*

27

lluvia»[8]. Es el comienzo del monólogo interior de un viejo que, al día siguiente de la Primera Guerra Mundial, reflexiona sobre la vida y sobre su historia, explorando el tema de la decadencia, un aspecto determinante de la vejez.

Espiritualmente, psicológicamente y físicamente, la vejez es un tiempo de debilitamiento y vulnerabilidad. Más allá de los distintos intentos por enmascararla, es la experiencia universal de una progresiva fragilidad que la identifica como un conjunto de señales anticipadas de muerte. Es evidente que la vejez y la muerte están entrelazadas entre sí, pero esto no hace de la vejez un tiempo vacío. Más bien la impulsa hacia una radicalización de una serie de experiencias, comportamientos y costumbres propios de la contingencia humana.

---

8. T. S. ELIOT, «Gerontion», en ID., *Collected Poems: 1909-1962,* Harcourt, Brace & World, Nueva York 1963, p. 28.

Aunque ya la hayamos dejado atrás y tratemos de considerarla como un feo paréntesis, la pandemia del coronavirus puso radicalmente ante nuestros ojos toda la vulnerabilidad de los ancianos. En particular, la experiencia trágica de morir en soledad, sin poder ni siquiera ser acompañado a la sepultura, atravesó como una espada no solo el corazón de cónyuges, hijos y familiares, sino el de todos los hombres y mujeres que poseen un sentido de justicia.

Independientemente del encendido debate sobre las vacunas, las terapias y las medidas más adecuadas para afrontar el covid-19 que tensaron la convivencia social, creo que no se ha investigado lo suficiente sobre lo que, en síntesis, podemos considerar como el lado sombrío de la experiencia de la vejez que la pandemia puso en evidencia. Es algo que merece ser sometido, al menos en algunos de sus elementos, a un análisis más exhaustivo.

Dios mío, Linuccia [la hija del poeta], ¡qué guapa era tu madre entonces! ¡Y qué hermosa era, entonces, nuestra ciudad! Hoy, todo este mundo ha muerto; hace unos meses, con casi ochenta años, también murió tu madre. Pero ¿murió? No lo sé; y nadie –me temo– lo sabe con certeza. Montale, en un artículo publicado en el *Corriere d'Informazione* y por el que me siento todavía hoy muy agradecido, habla de su tránsito como de una «mera apariencia fenoménica». Me gustaría que fuera cierto; pero entre tanto, y a la espera de reunirme con ella (si es que reunirme con ella es posible), a veces la veo. Y, acostado en la cama del hospital, son los únicos momentos que puedo soportar; o, al menos, los que me ayudan a sobrevivir y a sobrevivirme... Tiene en el rostro una sonrisa triste e indescriptible (como nunca le vi cuando estaba viva)[9].

---

9. U. SABA, *Trieste come la vide, un tempo, Saba,* en ID., *Tutte le prose*, Mondadori, Milán 2001, pp. 1093-1094.

30

Así hablaba Umberto Saba, gravemente enfermo y ya cercano a la muerte, que acontecería pocos meses después, sobre la muerte de su amada esposa. En las conmovedoras y radicales preguntas del poeta de Trieste se reconoce fácilmente el sustrato de autoconsciencia del yo de un anciano, que calcula ya el breve tiempo que lo separa del gran viaje. Y, sin duda, este sustrato está constituido por el *miedo* que, ante amenazas concretas como epidemias y enfermedades, conduce rápidamente a la *angustia*.

La inminencia de la muerte, en edad avanzada, obliga, o debería obligar, al menos, a investigar mejor el significado de esas señales que la anticipan.

Es verdad que se trata de un aspecto por el que sería necesario vencer el miedo resistiéndose a él de manera frontal, como Renzo en *Los novios* de Manzoni, en el momento culminante de su afanoso y angustioso paso por el bosque que lo llevará a las orillas salvíficas del Adda. Pero hay demasiadas señales que muestran que este esfuerzo, por útil que sea, no puede garantizar la perduración en el tiempo. Sobre todo, que pueda liberarnos de la percepción de que, desde un más allá externo a nosotros, puede venirnos una amenaza tal que subyugue la autoconsciencia de nuestro yo con la angustia, entendida aquí como extravío absoluto, pérdida del sentido de la vida, desaparición de la perspectiva del futuro. De ahí la percepción –por decirlo con el cardenal John Henry Newman en *El sueño de Geroncio*– de caer «bajo, bajo a través de la sólida estructura de las cosas creadas, e inevitablemente, hundirme en el inmenso abismo»[10].

Esta sensación de caída libre es la esencia de la angustia que domina la autoconsciencia del viejo. Es como si los demás, los familiares, los amigos, las personas que

---

10. J. H. NEWMAN, *The dream of Gerontius,* Burns, Lambert and Oats, Londres 1866[2], p. 10.

32

nos rodean y a las que amamos, estuvieran envueltas por una niebla impenetrable. Desaparecen ante nuestros ojos, aunque estén físicamente presentes, pero, sobre todo, desaparecen de nuestras relaciones. Ni siquiera la ayuda que podamos recibir de ellos en las tareas cotidianas –relacionadas con la alimentación, el dormir mal, la higiene…– puede hacer que aparezcan sus rostros, y esto acaba por dejarlos fuera del alcance de la gratitud o incluso de ese amor al que nos habían acostumbrado. Es la caída en un abismo que también ha descrito Giacomo Leopardi:

Viejecito, canoso, enfermo,
medio vestido y descalzo,
con una pesada carga a las espaldas,
por montañas y por valles,
por rocas escarpadas, abundantes arenas y
espesuras,
al viento, en la tempestad y cuando abrasa
la hora y cuando hiela
corre, corre, anhela,

cruza torrentes y estanques,
cae, se levanta y cada vez más se apresura,
sin descanso ni alivio,
herido, ensangrentado; hasta que llega
allí donde el camino
y tanto esfuerzo acaba:
un abismo horrible, inmenso,
donde, al caer, lo olvida todo[11].

11. G. LEOPARDI, «Canto notturno di un pastore errante dell'Asia», en ID., *Canti*, Einaudi, Turín 2016, p. 190.

4
Vejez, el tiempo inquieto

Como hemos dicho, la fragilidad física y la psicológica hacen que se confundan fácilmente los rostros de quienes tenemos a nuestro alrededor, y de todas las personas que hemos conocido a lo largo de los años, y produce una especie de *astenia en las relaciones,* que resultan tan oprimidas por un cansancio que es directamente proporcional a la pérdida de las fuerzas físicas que nos aíslan. Y nos vemos, así, obligados a una *in-acción* dentro de la cual el propio deseo de vivir, aunque resiste tenazmente, está en peligro de agotarse.

«El tigre en el foso del tigre no está más irritable que yo»[12]. Porque la caída en el

---

12. T. S. ELIOT, «Lines for an old man», en ID., *Collected Poems: 1909-1962, o.c.,* p. 143.

deseo produce en el corazón una *irritabilidad* que solo a ratos asoma a la conciencia, y que sin embargo determina nuestro modo de sentir y, finalmente, de actuar.

Amenaza con condicionar establemente el yo, haciendo muchas veces que degenere en una actitud de *ira* que, sin embargo, no se manifiesta con las expresiones habituales, porque, al haberse convertido ya, en cierto modo, en constitutiva, la inhibe. Lo más fácil es que emerja como una hostilidad contenida incluso hacia las personas más queridas, revelando un egoísmo que tiene una raíz involuntariamente narcisista, porque transforma todas las necesidades, hasta las más básicas, en una excusa. Hacia uno mismo, pero, sobre todo, hacia el otro.

Este conjunto de actitudes, que en realidad describen un *proceso de aridez* del individuo o de su capacidad de relación, se manifiesta claramente en la involución o encerramiento en uno mismo, en la incapacidad de vivir en su auténtico significado la dimensión afectiva del yo. Esta dimensión tiene que ver sobre todo con la relación entre el hombre y la mujer, relación que interesa inexorablemente a todas las personas, sea cual sea su estado de vida.

En este progresivo e inexorable proceso de aridez corre el riesgo de agotarse el dinamismo esencial de los afectos, es decir, la capacidad de dejarse de verdad interpelar por el otro y de responder con la entrega de sí mismo.

Y hay un último dato que también podría descubrirse.

Junto a esta involución –porque al final se trata de esto– hay una *pérdida del sentido del universo y de la historia* en los que se está inmerso.

Lo hemos experimentado ya con las radicales transformaciones de las formas de comunicación que el Covid ha acelerado de manera imprevisible (enseñanza a distancia, *smart working,* celebraciones litúrgicas y reuniones, también familiares, a través de plataformas digitales, etc.), y ha acabado por ampliar vertiginosamente la brecha entre jóvenes y viejos.

Esta incapacidad de permanecer en contacto con el universo y con la historia se convierte en la señal más intensa del auto-aislamiento al que puede obligar la vejez. De ahí que los rasgos de las enfermedades mentales graves (Alzhéimer, Parkinson, demencia senil) que afectan a los ancianos de esta etapa o situación sean la incapacidad de expresarse, de comunicar. Se cae en el silencio o en la afasia y, en cierto sentido, es como si nos abandonásemos –el término puede sonar un poco fuerte– a un proceso de aniquilamiento que anticipa la muerte.

Mi amigo filósofo, que contemplaba la vida y decidió que cualquier individuo responsable y racional debería tener el derecho de rechazar el don que nunca se había pedido, y cuyo noble gesto, a medida que transcurrían los decenios, ponía de manifiesto las concesiones y la pequeñez de que se componen las vidas. «La mayoría»: la mía […] ¿Qué sabía yo de la vida, yo que la había vivido con tanto cuidado? ¿Yo que no había ganado ni perdido, sino que me había conformado con dejarme vivir? ¿Que tenía las ambiciones habituales y que me resigné con demasiada rapidez a que no se realizaran? ¿Que evitaba que me hicieran daño y lo llamaba capacidad de supervivencia? ¿Que pagaba las facturas, mantenía en lo posible buenas relaciones con todos y para quien el éxtasis y la desesperación pronto se convirtieron solo en palabras leídas alguna vez en las novelas? […] Se llega al final de la vida, no de la vida en sí, sino de otra cosa: al final de cada probabilidad de que algo en esa vida cambie. Se nos concede un largo momento de descanso, suficiente para hacernos la pregunta: ¿qué otra cosa he hecho mal? […] Y pensé en una ola de agua iluminada por la luna, que se encrespa, pasa de largo velozmente río arriba y se desvanece, perseguida por una banda de estudiantes gritando con antorchas cuyos haces de luz se entrecruzaban en la oscuridad. Hay acumulación. Hay responsabilidad. Y más allá de ello, hay intranquilidad, desasosiego, un gran desasosiego[13].

Esta escena así descrita puede parecer a primera vista muy pesimista, y sin embargo creo que, si no tuviéramos en cuenta estos factores, sería imposible empezar a comprender qué pasa por el corazón del hombre viejo ante su inevitable proceso de vulnerabilidad mortal.

Es cierto que podemos encontrar personas que, incluso a edades muy avanzadas, disfrutan de un relativo bienestar (en nuestro país ha aumentado el número de personas centenarias), pero creo que estas actitudes profundas del yo, que determinan también el comportamiento y acaban por ocupar la mayor parte del tiempo del día, no pueden superarse o evitarse simplemente con

13. J. BARNES, *El sentido de un fin,* Anagrama, Barcelona 2012, pp. 153-154, 186.

contramedidas que, precisamente, actúan en sentido contrario, pero sin eliminar el problema. Está claro: esto no implica que estos factores de fragilidad deban interpretarse como una condena. Porque, al menos desde ese rincón de la conciencia que permanece despierto y hace entrar en juego a la naturaleza relacional del yo, siempre es posible vivir cosas positivas –como la sonrisa de un nietecito, destellos de reconocimiento hacia las personas cercanas, la alegría de saber que las ideas y los valores por los que hemos luchado tienen todavía eco...– que nos permiten experimentar la «frescura». También en este tiempo. Pero esta actitud no excede del ámbito del simple recuerdo. Digo del recuerdo, no de la memoria. Los recuerdos suelen ser fragmentarios, retazos de experiencias lejanas. Mientras que la memoria está incluida en un tejido de continuidad y es lo que hace que la mirada sobre la vida pasada sea positiva y satisfactoria.

Pero, en definitiva, y por decirlo con los versos de Eliot en su poema *Geroncio,* ya citado, estos elementos de frescura son tan solo una especie de breve don que procede de lo alto y que identifica a «un viejo empujado por los alisios hasta una esquina adormecida»[14]. Son como momentos de alivio que puede que vayan reduciéndose cada vez más, pero que no ayudan al poeta a superar «los pensamientos de un cerebro árido en una estación árida». Fragilidad y vulnerabilidad son los elementos dominantes de la vejez, que suponen una carga mayor cuando están acompañadas –y lo están en muchos casos– por la enfermedad y el sufrimiento.

---

14. T. S. ELIOT, «Gerontion», en ID., *Collected Poems: 1909-1962, o.c.,* p. 31.

5
Ante las señales del dolor y del sufrimiento

En la historia humana parece que el dolor y el sufrimiento golpean incansablemente, y aparecen siempre de formas inauditas. Pero ninguno de estos males es tan importante como aquel en el que luchamos directamente, cuando el dolor y el sufrimiento nos sorprenden en la enfermedad y en la muerte de nuestros seres queridos. La enfermedad es, con frecuencia, cercana compañera de la vejez. Yo personalmente la estoy viviendo en toda su dureza, pero al mismo tiempo también en su misteriosa fecundidad. Como todas las realidades elementales de las que hacemos experiencia (el conocimiento, el amor, etc.), el dolor y el sufrimiento son difíciles de explicar.

Comencemos diciendo que no son fenómenos idénticos. El dolor físico, cuando tiene como función indicar una amenaza para la vida, aun siendo la manifestación de algo negativo, no es en sí algo malo. El mal no es el dolor, sino la amenaza que indica para la vida. El dolor físico se convierte en sufrimiento cuando se vuelve propio, cuando pierde su función de señal e indica una restricción de la vida. Pero también el sufrimiento nos aparece al final más como la consecuencia de un mal radical que lo precede y que no es en sí mismo algo malo. Esta es la cuestión. Si, como decía san Agustín, todo hombre es «un gran enigma» *(magna quaestio),* en el centro de la cuestión está el interrogante sobre el sufrimiento y el dolor.

Hoy se afirma cada vez más la tendencia a ofrecer una respuesta en términos completamente pragmáticos, atacando frontalmente el dolor y el sufrimiento para intentar acabar con ellos. Esta perspectiva brota del poder científico y tecnológico que, sobre todo en el campo de la medicina, parece haber convertido al hombre en dueño de la salud y de la vida, con la convicción de que en un futuro no muy lejano el dolor y el sufrimiento podrán ser erradicados. Pero ¿qué pide el anciano? Lo que le pide al médico, expresado en una amplia gama de matices, siempre es esencialmente lo mismo: «Haz que viva», es decir, dame longevidad, permíteme perdurar.

Pero hay que reconocer la verdadera naturaleza de este deseo de longevidad. Como observa el estudioso alemán Hans Jonas, «si la duración permanente fuese el objetivo, entonces la vida no habría debido ni siquiera comenzar, porque no se puede medir de ninguna manera posible con la durabilidad de los cuerpos orgánicos»[15]. La duración en

---

15. H. JONAS, *Organismo e libertà,* Einaudi, Turín 1999, p. 299. (Original alemán: *Organismus und Freiheit,* Vandenhoeck & Ruprecht, Paderborn 1973).

cuestión debería, de alguna manera, superar la muerte. De esto se deriva que pedir salud es, en el fondo, pedir la salvación. Y entonces se vuelve poco realista, cuando no ilusorio, hablar de la enfermedad y de la salud cuando no se identifica un yo, un lugar de conexión de la dimensión psico-física con la espiritual.

El interrogante permanece, hasta tal punto que somos tentados a pedir a Dios que se disculpe por la existencia del dolor en el mundo. Es un interrogante al que han tratado de dar respuesta muchos filósofos y teólogos a lo largo de los siglos, pero sin llegar a resultados convincentes. La doctrina tradicional, desde san Agustín hasta santo Tomás, y la que Jacques Maritain ha sintetizado como *«permission du mal»,* equivale a decir que Dios permite el mal para un buen fin. Pero, tal como añade el pensador francés, es una teoría insuficiente y además inaceptable cuando, por ejemplo, se trata del dolor de un inocente.

En el Evangelio no hay una «teoría del dolor», sino tan solo la impactante afirmación que encontramos en el Sermón de la montaña: «Dichosos los afligidos» (Mt 5,4). Jesús no ofreció explicaciones o justificaciones, afrontó el sufrimiento cargándolo sobre sí mismo. Por eso, la única respuesta posible al misterio del dolor es una presencia. Cristo no trató de eliminar el dolor a través de una teoría más brillante que las otras, sino que llevó a cabo una obra de presencia, incluso de total empatía con el que sufría, iluminando su significado profundo: la colaboración para la redención del mundo.

«Todos los puños del hombre en rebeldía elevados hacia el cielo apuntan en la dirección equivocada. El hombre que sufre y grita en su agonía está en Dios. Y lo está porque el mundo entero, con toda su sangre y sus lágrimas, está en Cristo, en el Cristo»[16]. El sufrimiento de Cristo es inclusivo, es decir, permite el acceso a los demás sufrimientos capaces de redimir en unión con su sufrimiento. Aunque hablar de redención puede herir nuestra sensibilidad posmoderna que ha perdido el sentido del pecado, y, por tanto, de la culpa, se trata de una realidad cuyo significado trasciende lo que plantea la justicia restaurativa: el sufrimiento puede ser conscientemente ofrecido para «completar lo que falta a las tribulaciones de Cristo», escribe san Pablo en la Carta a los colosenses (cf Col 1,24).

No es un esquema que se pueda aplicar mecánicamente, sino que expone la libertad de la persona llamada a colaborar en la obra de redención de la manera más misteriosa y sublime. Para quien tiene una edad avanzada

---

16. H. U. VON BALTHASAR, «Dios y el sufrimiento», en *Stauros. Teología de la cruz* 50 (2001), p. 100. *Teodramática* 4. *La acción,* Encuentro, Madrid 1995

48

se trata de una perspectiva vertiginosa, insondable, pero también consoladora, porque es indicadora de la fecundidad de su sufrimiento. Una perspectiva que da sentido también a los ancianos que se sienten tentados de «acabar de una vez», que piden una «muerte digna», que es algo que genera cada vez más debate en nuestra sociedad. Pero ¿lo que realmente se está pidiendo no será más bien una «vida digna» hasta el último instante, formada por lo que caracteriza al hombre, la capacidad de amar y ser amados? En Jesucristo nos hemos vuelto capaces de la paradójica pero humanísima experiencia que vivió san Pablo: «como tristes, aunque siempre alegres» (2Cor 6,10).

6
Qué es morir

Sin embargo, lo que hemos dicho hasta ahora no exime a ninguna persona, en especial a los ancianos, de la fundamental experiencia de angustia instintiva que se siente al pensar en la «Extranjera», como Eliot llamaba a la muerte. A menudo se dice que en nuestra época la muerte se ha eliminado ya. Pero no es cierto, y el anciano lo sabe mejor que nadie. Nuestra sociedad trata de eliminarla, sí, pero no lo consigue, porque, como escribió el provocador novelista francés Michel Houellebecq, la muerte es un ruido de fondo que nos acompaña en todos los momentos de nuestra vida[17]. Y cuanto más avanza la edad, más se advierte la sabiduría y la conveniencia de la exhortación evangélica: «Estad preparados» (Lc 12,35). Al contrario de tantos que hoy desean morir de repente, casi queriendo exorcizar cualquier posible sufrimiento, la tradición cristiana siempre ha mantenido que es mejor morir siendo conscientes en nuestra propia cama. Siempre me ha impresionado la frase del poeta alemán Rainer Maria Rilke: «Señor, da a cada cual la muerte que le es propia»[18]. Manifiesta la invocación más espontánea de nuestro corazón, al contrario de Theodor Adorno, según el cual «la oración de Rilke por una muerte propia representa el lamentable engaño de creer que los hombres

17. «En otras épocas el ruido de fondo lo constituía la espera del reino del Señor; hoy lo constituye la espera de la muerte» (M. HOUELLEBECQ, *Las partículas elementales,* Anagrama, Barcelona 2006, p. 70).

18. R. M. RILKE, *El libro de las horas. Poesías,* Lumen, Barcelona, 1999, p. 181.

simplemente fallecen»[19]. No, en el fondo cada uno de nosotros desea que la muerte, como la vida, venga, por así decir, con un distintivo personal. «Mi» muerte debe ser «mi» logro, no un fallecer anónimo.

Pero esta exigencia se topa con el evidente poder aniquilador de la muerte, que el escritor judío Emmanuel Lévinas describió tan bien: «Mi muerte no se deduce, por analogía, de la muerte de los otros [...] El carácter imprevisible de la muerte viene de que no está en ningún horizonte. No se ofrece a ninguna aprehensión. Me toma sin dejarme la oportunidad que deja la lucha, porque en la lucha recíproca, me agarro a quien me apresa. En la muerte, estoy expuesto a la violencia absoluta, al asesinato en la noche»[20].

19. T. ADORNO, *Minima moralia,* Taurus, Madrid 2001³, p. 235.

20. E. LÉVINAS, *Totalidad e infinito,* Sígueme, Salamanca 2002⁶, pp. 246-247.

Por tanto, la muerte se presenta siempre como una «condena a muerte». Es el «aguijón venenoso» del que habla san Pablo (1Cor 15,55). Como afirma Balthasar: «Valorada en términos humanos, la muerte es simplemente un acto final, un puro y simple ser sacado pasivo». Pero luego añade: «La locura del cristianismo consiste en hacer de este final una especie de centro»[21]. En el «Sí» libre de Quien podía no haber muerto se rompe el yugo de la condena capital. Al decidir encarnarse para morir y resucitar, Cristo libera a todos los hombres de la muerte llevándolos consigo al destino glorioso. Fundándose en esto, la fe cristiana no anuncia simplemente la posibilidad de una muerte serena, sino la resurrección de la carne.

Está fuera de toda duda que esta idea de la muerte, extraída de la fe de la Iglesia en el Crucificado resucitado, sigue caracterizando

---

21. Cf H. U. VON BALTHASAR, *Teodramática* 4. *La acción,* Encuentro, Madrid 1995, pp. 459-461.

desde hace dos mil años a la familia humana, sobre todo en Occidente. Pero en este sentido la reflexión actual sobre la muerte ha empezado a afrontar un problema bastante delicado. Podríamos decir que se trata de un debate con el platonismo. En la *Apología de Sócrates* emerge en Platón una concepción dualista del hombre. El hombre está compuesto de cuerpo y alma, y el cuerpo es una especie de parte del alma. En el acto de morir el hombre, en virtud del alma inmortal, entra en su verdadera vida.

En torno al siglo IV, cuando el pensamiento cristiano, para expresarse, asimiló el lenguaje helenístico, se asumió la idea del hombre como un ser compuesto. Al morir, el alma se separa del cuerpo en la espera de que, en el último día…, la Resurrección recomponga la unidad del yo. Esta visión de las cosas, a partir de la convicción de la naturaleza escatológica del anuncio del Reino de Dios por Jesús, ha llevado a muchos teólogos –siguiendo la estela de pensadores como Ernst Bloch, autor del famoso texto *El principio esperanza*– a reducir la escatología a una teología de la esperanza, anulando el peso específico de los Novísimos (muerte, juicio final, infierno, paraíso). Estos pensadores llegaron a afirmar que, en la cultura del Antiguo Testamento, pero también del Nuevo Testamento, este vocabulario estaba del todo ausente. Se trataría de un platonismo que debía ser superado. Con diversos escritos, estos autores propusieron la tesis de la *escatología instantánea*: la resurrección tendría lugar en el mismo acto de morir. El argumento definitivo para sostener esta postura se apoya en el dato de que la muerte es una salida del tiempo que hace entrar en la eternidad atemporal. Por consiguiente, se debe abandonar el esquema «cuerpo-alma» y, con él, la idea de que existe un tiempo intermedio entre la muerte del *bios* y la Resurrección del último día.

7
El sentido pleno
de la inmortalidad del alma

La falta de fundamento de la tesis que acabamos de exponer fue demostrada con pruebas meticulosas y rigurosas por Joseph Ratzinger, en su articulada reflexión sobre la escatología[22]. Sobre todo señala que el pensamiento cristiano ha reelaborado en términos radicales la tesis platónica, sobre todo con la afirmación de que el alma es «la forma del cuerpo». A partir de santo Tomás, el pensamiento cristiano ha mostrado una idea no dualista de la unidad del alma y el cuerpo. Alma y

---

22. J. RATZINGER, *Escatología. La muerte y la vida eterna*, Herder, Barcelona 1980.

cuerpo son distintos, pero están intrínsecamente relacionados. La relación cuerpo-alma se basa en una *unidad dual* por la cual se da una «conjunción entre materia y espíritu [...] pero significa también que la identidad de la corporeidad no depende de la materia, sino del alma»[23].

Ratzinger afirma que la interpretación del alma que se ofrece en la propuesta cristiana es absolutamente original. El alma «forma del cuerpo» es, por ello, espíritu, que hace al hombre persona y lo abre a la inmortalidad. Y añade: «El concepto de alma tal como lo hemos utilizado en la liturgia y la teología hasta el Vaticano II tiene tan poco que ver con la Antigüedad como la idea de resurrección. Se trata de un concepto estrictamente cristiano»[24]. Forma parte de la naturaleza del hombre y no puede, de ningún modo, faltar. Aunque el hombre, encerrándose en sí mismo,

23. Cf *ib.*, pp. 168-169.
24. Ib., p. 144.

58

optase por una existencia contraria a lo que implica este concepto de su naturaleza espiritual (alma), no podría eliminar esta constitución que es parte de su «naturaleza» creada y que no puede eludir.

En el acto de morir, el alma no solo sigue estando unida con la materia, sino que, en cierto modo, la lleva consigo, porque el alma es inmortal y esta es la razón de que el hombre sea persona. Al ser partícipe de la imagen de Dios, cuando el hombre muere revela la naturaleza inmortal que le es propia. Una teología estricta de la *imago Dei* no puede sino llegar a esta conclusión.

Este dato muestra la inconsistencia de las tesis de la resurrección inmediata en el acto de la muerte. Existe una profundísima unidad entre alma y cuerpo. Es un sentimiento que yo he sentido fuertemente en mi experiencia personal, cuando tuve que reconocer, en el depósito de cadáveres del hospital de Brescia, la identidad de mi hermano, muerto en un accidente de coche. Al ver su rostro completamente desfigurado, el abdomen atravesado y las heridas provocadas por el violentísimo impacto del accidente, desde lo más profundo de mí mismo salió un grito angustioso: «¿Cómo es posible que resucite?». Luego encontré luz y consuelo en las palabras de un «Canon» de la misa en el que se habla de Jesús resucitado en su «verdadero cuerpo»: la resurrección de la carne no será la reanimación de un cadáver. Será una corporeidad diferente, aunque en continuidad con la anterior. Será «verdadero cuerpo», es decir, un cuerpo cuyas características lo destinarán a la eternidad.

8
El tiempo intermedio y los Novísimos

La idea del alma-cuerpo que hemos expuesto brevemente aquí no cambia, sino que pone de manifiesto, la centralidad de otro tema escatológico determinante, el del tiempo intermedio.

Al dar al alma la capacidad de llevar consigo, tras la muerte, toda la realidad del yo, incluida una presencia material del cuerpo, es necesario hablar de qué sucede en el tiempo que transcurre entre la muerte y el último día. Cristo vino para liberar a la persona de la concepción judía del Sheol. ¿Qué le sucedía al hombre cuando moría?

Se le relegaba al Sheol, que no es el infierno del dogma cristiano, sino más bien un lugar de vida-no vida, de ser-no ser. En cierto sentido, el Sheol prolonga eternamente la idea de la vejez, con su miedo a la muerte. De modo que, si no hay un punto sólido sobre el que apoyarse para esperar la resurrección definitiva de la carne, entonces es fácil caer en la idea de la vida misma como Sheol.

La llegada de Jesús, en su singular persona y en su historia, esto es elemento determinante.

Comenzamos diciendo que el tema del Sheol inaugura el discurso del tiempo tras la muerte. Es verdad que no se trata de un tiempo cronológico en sí, sino, como bien ilustró san Agustín, un *tiempo-memoria* que imprime un rasgo presente al pasado, pero también al futuro. Este tiempo intermedio está dominado por el Resucitado. En su abajamiento, Cristo desciende al Sheol. Este dato dogmático permite la evolución de la categoría misma del

Sheol, que deja de ser un inconveniente para el hecho de la resurrección. Una mirada sobre la encarnación, sobre el nacimiento, sobre la vida oculta, sobre el anuncio del Reino, sobre la pasión, sobre la muerte, sobre la resurrección, sobre las apariciones y sobre la *parusía* –es decir, sobre los principales misterios de Jesucristo– muestra claramente su fuerza para concentrar toda la historia de la creación. Hans Urs von Balthasar describió con vibrante fuerza, en su libro siempre actual *El cristiano y la angustia*[25], la capacidad inclusiva, bien expresada por el sudor de sangre en el Getsemaní, de la angustia de Cristo que clava en la cruz la angustia del pecador.

Es un concepto que encontramos ya en el cuadro renacentista de Matthias Grünewald, la famosa *Crucifixión* del retablo del altar de Ishenheim. Representa a un Cristo deformado clavado a la cruz, con las manos

---

25. H. U. VON BALTHASAR, *El cristiano y la angustia,* Caparrós, Madrid 1998.

contorsionadas en los espasmos de la agonía, el cuerpo lleno de contusiones, mostrando en toda su macabra crudeza la angustia de Cristo ante la muerte, en la que se refleja la angustia de todos los hombres. Pero en la *Crucifixión* de Grünewald yo encuentro también una especie de invitación, una provocación al ofrecimiento de sí como plenitud de vida.

Digo esto porque la angustia de Cristo en la cruz es una experiencia salvífica y, por tanto, al mismo tiempo dramática. En ella emergen dos factores de gran consuelo. Cristo ha dejado que lo considerasen pecador (cf 2Cor 5,21) aunque no había cometido ningún pecado. Su angustia es salvífica porque al asumir el pecado de todos, él, en una auténtica experiencia de confesión, desvela por completo el oprobio del pecado. Y por eso puede redimirlo. El hecho de que Jesús sienta en la cruz que el Padre está lejos, lo conduce a exclamar el Salmo 22: «Dios mío, Dios mío,

¿por qué me has abandonado?». Parece haber perdido el rostro del Padre. En ese dolorosísimo momento, es el Espíritu quien los mantiene unidos a los dos.

Y, sin embargo, el abandono total al designio del Padre lo conduce a la victoria sobre la muerte y sobre la angustia que la muerte produce.

Nuestra angustia ante la muerte, marcada siempre, de algún modo, por el pecado, es derrotada en la medida en que imploramos poder participar en la angustia de la cruz. Solo así los poderes tenebrosos (dolor, sufrimiento y muerte) no dejan de existir, porque son naturales, pero pierden su aguijón. El Sheol es derrotado y la muerte pierde su aterrador poder.

Entonces, el tiempo tras la muerte, el tiempo intermedio, está dominado por Cristo muerto y resucitado, que se convierte en el elemento sintetizador interpretativo de los Novísimos.

El *juicio:* es inevitable que en la muerte seamos colocados definitivamente ante Cristo. Y esto es ya de por sí un juicio. No es necesario que Cristo lo emita. «Ya desde los primeros tiempos, la perspectiva del Juicio ha influido en los cristianos, también en su vida diaria, como criterio para ordenar la vida presente, como llamada a su conciencia y, al mismo tiempo, como esperanza en la justicia de Dios. La fe en Cristo nunca ha mirado solo hacia atrás ni solo hacia arriba, sino siempre adelante, hacia la hora de la justicia que el Señor había preanunciado repetidamente»[26].

Entonces el *infierno* representa el obstinado rechazo hasta el final del amor que Cristo nos ofrece, mientras el *paraíso* es el descubrimiento de que la plenitud definitiva de nuestra vida consistirá en una relación de amor con Cristo muerto y resucitado en el

---

26. BENEDICTO XVI, Carta encíclica *Spe salvi,* Vaticano, 30 de noviembre de 2007, n. 41.

66

corazón de la Trinidad, con todos nuestros hermanos y con toda la humanidad: «Estaremos siempre con el Señor» (1Tes 4,17).

En este contexto es donde el *purgatorio* adopta toda su fisonomía. El foco solo puede ser el amor de Cristo que prende fuego en nosotros todos los residuos del pecado. Y en él la posibilidad de un intercambio de oración entre los que han pasado a la otra orilla... y los que aún caminan por el mundo se convierte, como muestra la tradición de la Iglesia sobre el culto a los difuntos, en un elemento decisivo para la vida cristiana. El encuentro con Cristo es el encuentro con todo su cuerpo, es decir, con la Iglesia que manifiesta una viva participación en la acción de su amor misericordioso.

9
El más allá y el ciento por uno aquí abajo

«Cuando envejecemos, el tiempo pasa más rápido, porque una característica del tiempo es que es sustituido por la eternidad». Estas palabras de mi amigo don Pigi Bernareggi, misionero durante más de cincuenta años en las favelas de Brasil, fallecido en el año 2021, son un constante motivo de consuelo y alivio para mi vejez. Expresan bien la idea de que el tiempo que tengo delante es inevitablemente más breve, no tendrá la última palabra, pero está destinado a pasar a la eternidad. La fe cristiana es esperanza de vida eterna: «Tal vez muchas personas rechazan hoy la fe simplemente porque la vida eterna no les parece algo deseable. En modo alguno quieren la vida eterna, sino la presente y, para esto, la fe en la vida eterna les parece más bien un obstáculo. Seguir viviendo para siempre –sin fin– parece más una condena que un don. Ciertamente, se querría aplazar la muerte lo más posible. Pero vivir siempre, sin un término, solo sería a fin de cuentas aburrido y al final insoportable [...] Entonces, ¿qué es realmente lo que queremos? Esta paradoja de nuestra propia actitud suscita una pregunta más profunda: ¿qué es realmente la "vida"? Y ¿qué significa verdaderamente "eternidad"?»[27].

Son preguntas que surgen espontáneamente con el paso de los años, y el papa Ratzinger, con su estilo sencillo y eficaz, nos guía en la reflexión hasta una posible respuesta que

_____

27. *Ib.,* nn. 10-11.

encuentra en san Agustín: «En su extensa carta sobre la oración dirigida a Proba, una viuda romana acomodada y madre de tres cónsules, escribió una vez: En el fondo queremos solo una cosa, la "vida bienaventurada", la vida que simplemente es vida, simplemente "felicidad". A fin de cuentas, en la oración no pedimos otra cosa. No nos encaminamos hacia nada más, se trata solo de esto»[28].

Pero esto significa que la meta tiene que ver con el camino, y, por tanto, podemos contemplar la vida eterna no solo como meta final, sino aprendiendo a reconocer sus señales aquí y ahora, en el «ciento por uno aquí abajo», como dice el Evangelio: «Todo el que deje casa, hermanos o hermanas, padre o madre, o hijos o campos por mi causa recibirá el ciento por uno y heredará la vida eterna» (Mt 19,29).

---

28. *Ib.,* n. 11.

71

De Luigi Giussani, a quien tanto le gustaba citar esta página evangélica, he aprendido que la idea del «ciento por uno» es esencial para el cristianismo. El ciento por uno es aquello que él llamaba «la conveniencia humana de la fe», y lo explicaba de este modo: «El ciento por uno aquí abajo, ¿comprendéis qué quiere decir esto? Que querré cien veces más a mi madre, a mi padre, a mi hijo o hija, a mis amigos; que le tomaré cien veces más el gusto al estudio, que podré soportar cien veces más las dificultades de la vida»[29].

Podemos decir entonces que el ciento por uno, estructuralmente conectado con el más allá, es la irrupción de la eternidad en lo cotidiano, es una novedad estable que alimenta y da a la existencia el dulce sabor del don. El ciento por uno, como anticipo de la vida eterna, es, en definitiva, la relación con Cristo presente en nuestra vida. Amar a Dios,

---

29. L. Giussani, *Realtà e giovinezza. La sfida*, Rizzoli, Milán 2018, p. 93.

seguir al Señor y vivir la comunión en la Iglesia a lo largo de todo el camino de nuestra vida terrenal, son la manera más simple y al mismo tiempo más sencilla de acercarse a la vida eterna.

10
Qué es la vida eterna

En relación con la vida eterna, san Agustín hablaba de nuestra «docta ignorancia», un concepto que Benedicto XVI recuperó y profundizó:

> De algún modo deseamos la vida misma, la verdadera, la que no se vea afectada ni siquiera por la muerte; pero, al mismo tiempo, no conocemos eso hacia lo que nos sentimos impulsados [...] Esta «realidad» desconocida es la verdadera «esperanza» [...] La expresión «vida eterna» trata de dar un nombre a esta desconocida realidad conocida [...] Podemos solamente tratar de salir con nuestro pensamiento de la temporalidad a la que estamos sujetos y augurar de algún modo que la eternidad no sea un

continuo sucederse de días del calendario, sino como el momento pleno de satisfacción, en el cual la totalidad nos abraza y nosotros abrazamos la totalidad. Sería el momento de sumergirse en el océano del amor infinito, en el cual el tiempo –el antes y el después– ya no existe. Podemos únicamente tratar de pensar que este momento es la vida en sentido pleno, sumergirse siempre de nuevo en la inmensidad del ser, a la vez que estamos desbordados simplemente por la alegría. En el Evangelio de Juan, Jesús lo expresa así: «Volveré a veros y se alegrará vuestro corazón y nadie os quitará vuestra alegría» (Jn 16,22)[30].

Porque leyendo los Evangelios es como si Jesús nos hubiese impedido hacer demasiadas elucubraciones sobre cómo será la vida eterna. Lo que nos dijo es que estaremos siempre con él y que por medio de él podremos contemplar el rostro del Padre. Y

---

30. BENEDICTO XVI, Carta encíclica *Spe salvi,* Vaticano, 30 de noviembre de 2007, n. 12.

podremos hacerlo junto con todos los salvados, en la comunión de los santos: «Creemos en la comunión de todos los fieles cristianos, es decir, de los que peregrinan en la tierra, de los que se purifican después de muertos y de los que gozan de la bienaventuranza celeste, y que todos se unen en una sola Iglesia; y creemos igualmente que en esa comunión está a nuestra disposición el amor misericordioso de Dios y de sus santos, que siempre escuchan atentos nuestras oraciones»[31].

Esta idea de que nos encontraremos, comenzando por nuestros amigos y las personas que nos son más queridas, es un misterio que me fascina y sobre el que reflexiono muchas veces. Será un abrazo lleno de alegría, una inmersión de nuestra mirada en la mirada del Padre, una comunión totalmente gratificante porque por fin comprenderemos

---

31. PABLO VI, *Credo del pueblo de Dios,* Plaza de San Pedro, 30 de junio de 1968, en https://www.vatican.va/content/paul-vi/es/motu_proprio/documents/hf_p-vi_motu-proprio_19680630_credo.html.

el proyecto bueno que Dios tiene para cada uno de nosotros y para la historia. En este sentido, es impresionante el testamento espiritual del padre Christian de Chergé, prior de la abadía de Tibhirine, en Argelia, asesinado junto a otros monjes trapenses en 1996, a quienes el papa Francisco proclamó beatos y mártires en 2018: «Si me sucediera un día –y ese día podría ser hoy– ser víctima del terrorismo que parece querer abarcar en este momento a todos los extranjeros que viven en Argelia, yo quisiera que mi comunidad, mi Iglesia, mi familia, recuerden que mi vida estaba entregada a Dios y a este país», escribía con palabras de un impactante profetismo. Y proseguía:

> Mi muerte parecerá darles la razón a quienes me han tratado sin reflexionar como ingenuo o idealista: ¡que digan ahora lo que piensan! Pero estas personas deben saber que, por fin, quedará satisfecha la curiosidad que más me atormenta. Si Dios quiere, podré, pues, sumergir mi mirada en la del

Padre para contemplar junto con Él a sus hijos del islam, así como Él los ve, iluminados todos por la gloria de Cristo, fruto de su Pasión, colmados por el don del Espíritu, cuyo gozo secreto será siempre el de establecer la comunión y restablecer la semejanza, jugando con las diferencias[32].

He leído una y otra vez este extraordinario texto con gran emoción porque expresa, con delicados tonos poéticos y con profunda sensibilidad teológica, un interés por el islam que yo siempre he tenido y he cultivado, sobre todo en la última parte de mi vida con la institución de la Fundación Oasis.

También yo me he preguntado con frecuencia, obviamente sin llegar a las cumbres del padre De Chergé, por qué misterioso plan de Dios más de mil millones de hombres y mujeres son fieles al islam. Y he empezado a

---

32. C. DE CHERGÉ, *Testamento espiritual,* tomado de https://www.moines-tibhirine.org/es/documents/le-testament/531-testament-spirituel-de-christian-de-cherge-2.

vislumbrar y a comprender que el Señor nos da la gracia de estimar todas las religiones y nos ofrece la posibilidad de dejarnos transformar por ellas hasta unos límites que jamás habríamos imaginado cuando en la Iglesia empezó a hablarse de diálogo interreligioso.

Al envejecer, percibo la profunda verdad de lo que durante mis años de episcopado recomendaba a mis sacerdotes, pero también a los laicos: no somos maduros en la fe hasta que sentimos que brota libre y espontáneamente de nuestro corazón el clamor del Salmo 27: «Es tu rostro, Señor, lo que yo busco; no me ocultes tu rostro». En la última etapa de la vida, esta invocación debería convertirse en una súplica constante, en una espera anhelante:

Imagina que un día te llega una invitación que estabas esperando desde hace muchísimo tiempo, una invitación de alguien que tanto anhelabas conocer; una persona junto a la cual tenías tantos deseos de estar, para quedarte cerca hablando con ella. El día que llegase esa invitación, ¿cuánta alegría sentirías? La muerte es la invitación de Dios, y con esta alegría en el corazón la espero. Sé bien con cuánta ternura cuida Él de mí. Por eso, cuando por fin reciba su invitación, seré muy feliz aceptándola[33].

Lamentablemente, he de admitir que estoy todavía lejos de hacer mía esta alegre espera de la invitación de Dios manifestada por el japonés Nagai, que supo dar testimonio de la fe cristiana viviendo en su propia carne las terribles consecuencias de la bomba atómica lanzada sobre Nagasaki en 1945. Pero todos los días rezo a Dios que el deseo de ver su rostro sea más fuerte que mi miedo a morir. Porque sé que no me espera «algo», sino «alguien».

---

33. T. P. NAGAI, *Pensieri dal Nyokodo*, Edizioni San Paolo, Cinisello Balsamo (Mi) 2022, p. 23 (Ed. esp.: *Reflexiones desde Nyokodo,* Encuentro, Madrid 2025, pp. 25-26).

Bibliografía

ADORNO, THOMAS, *Minima moralia,* Taurus, Madrid 2001³.

LÉVINAS, EMMANUEL, *Totalidad e infinito,* Sígueme, Salamanca 2002⁶.

BALTHASAR, HANS URS VON, *Teodramática 4. La acción,* Encuentro, Madrid 1995.

–, *El cristiano y la angustia,* Caparrós, Madrid 1998.

BARNES, J., *El sentido de un fin,* Anagrama, Barcelona 2012.

BENEDICTO XVI, Carta encíclica *Spe salvi,* Vaticano, 30 de noviembre de 2007.

BUZZATI, DINO, *In quel preciso momento*, Neri Pozza, Venecia 1955.

CICERÓN, MARCO TULIO, *Catón el Viejo, De senectute* III, 9, Universidad Autónoma de México, México 2017.

COMUNIDAD DE BOSE (eds.), *Più forti dell'odio. Gli scritti dei monaci trappisti uccisi in Algeria,* Piemme, Casale Monferrato (Al) 1997.

T. S. ELIOT, *Collected Poems: 1909-1962,* Harcourt, Brace & World, Nueva York 1963.

FRANCISCO, Audiencia general, Aula Pablo VI, Vaticano, 29 de agosto de 2018.

GIUSSANI L., *Realtà e giovinezza. La sfida*, Rizzoli, Milán 2018.

HOUELLEBECQ, MICHEL, *Las partículas elementales,* Anagrama, Barcelona 2006.

JONAS, HANS, *Organismo e libertà*, Einaudi, Turín 1999.

JUAN PABLO II, Discurso a los grupos de tercera edad de la «Federación interdiocesana de Movimientos de ancianos y jubilados de Italia», Aula Pablo VI, Vaticano, 23 de marzo de 1984.

LEOPARDI, GIACOMO, *Canti*, Einaudi, Turín 2016.

LÉVINAS EMMANUEL, *Totalidad e infinito,* Sígueme, Salamanca 2002[6].

NAGAI TAKASHI PAOLO, *Reflexiones desde Nyoko-do,* Encuentro, Madrid 2025.

NEWMAN JOHN HENRY, *Poeta*, Jaca Book, Milán 2010.

PABLO VI, *Credo del pueblo de Dios,* Plaza de San Pedro, 30 de junio de 1968.

RILKE R. M., *El libro de las horas. Poesías,* Lumen, Barcelona, 1999.

RATZINGER, JOSEPH, *Escatología. La muerte y la vida eterna,* Herder, Barcelona 1980.

SABA, UMBERTO, *Tutte le prose*, Mondadori, Milán 2001.

SAN GREGORIO MAGNO, *Vida de san Benito y otras historias de santos y de demonios. Diálogos,* Trotta, Barcelona 2010.

Índice